ORAISON FUNEBRE

DE

TRES-HAUTE, TRES-PUISSANTE ET TRES-EXCELLENTE PRINCESSE

ANNE PALATINE

DE BAVIERE,

PRINCESSE DOUAIRIERE

DE CONDÉ;

Prononcée dans l'Eglise Collégiale de Trevoux, au Service que le Pârlement de Dombes a fait faire

Le 13ᵉ Avril 1723.

Par le P. DOMINIQUE DE COLONIA,

de la Compagnie de Jesus.

De l'Imprimerie de Son Altesse Serenissime.

A TREVOUX;

Et se vend à Paris

Chez ÉTIENNE GANEAU, Libraire, rüe Saint Jacques, vis-à-vis la Fontaine Saint Severin, aux Armes de Dombes.

M. DCCXXIII.

AVIS DE L'IMPRIMEUR.

Cette Oraison Funébre a été composée dans l'espace de huit jours, & on la donne au Public, par des ordres superieurs, telle que l'Auteur l'a débitée, sans qu'il y ait fait aucun changement.

La Nouuelle metode pour attirer les Dauphinois et les obliger a plaider a Lyon C'est de leur passer des quittances des engagemens quils ont Contracté et de leur faire passer des obligations paiables en paiement et a ordre Des memes sommes dont on les a tenu quittes sans mettre aucune autre Cause que pour argent presté ou valeur recue Comtant par Ceque si l'on mettoit quelque autre Cause Cela donneroit lieu a un proces quil est bon de p[...] Ce moien

Une societé ou un bai[...] geage ne donne a un paisan du Dauphiné quune action personelle Contre un gentilhomme ou un bourgeois de Lyon laquelle ne peut s'intenter que deuant le seneschal de Lyon et non deuant le Iuge ordinaire ou deuant le Vibailli de Vienne

ORAISON FUNEBRE
D'ANNE PALATINE
DE BAVIERE,
PRINCESSE DOUAIRIERE DE CONDÉ.

MULIEREM FORTEM QUIS INVENIET ? Prov. 31.
Qui trouvera une femme forte ?

NOSSEIGNEURS *,

Il est bien plus facile, dit Saint Ambroise, de trouver une vierge sage qu'une femme forte, & le caractére de la seconde coûte sans doute bien plus à remplir que le carac-tére de la premiere.

Pourquoi cela ? C'est, dit ce Pere, qu'une vierge déga-gée de tout, ~~si elle veut se maintenir dans~~, & comme enveloppée de sa vertu, ne songe qu'à plaire à un époux immortel :

A ij

cogitat quæ Domini sunt ; au lieu que la femme courbée vers la terre, est plongée, & comme absorbée dans mille soins épineux : *quæ autem nupta est, cogitat quæ sunt mundi,* dit l'Apôtre Saint Paul.

Que si avec ces liens déjà si embarassans par eux-mêmes, elle se trouve encore, pour son malheur, placée dans le plus haut ascendant de la fortune, dans le centre des richesses, & dans le sein même de la grandeur ; alors, Chrétiens, alors, avec combien plus de raison faudra-t'il s'écrier, *mulierem fortem quis inveniet ? Procul & de ultimis finibus pretium ejus.* Qui pourra trouver une femme forte au milieu de tant de vanitez contagieuses, & parmi tant de charmes seduisans ?

Mais cette femme si rare, cette femme d'un prix si extraordinaire, cette femme que les siécles entiers ont tant de peine à produire, elle s'est trouvée, elle a paru de nos jours, & le Ciel, qui vient de la reprendre, l'avoit accordée à nos vœux dans la personne de l'auguste Princesse, dont nous honorons la memoire, & dont nous regrettons la perte.

Vous ne trouverez pas dans son éloge, ni dans le cours de sa vie, ces grands évenemens qui étonnent les Royaumes & les Empires, qui les ébranlent ou les sauvent, & qui font de tems en tems retentir l'univers : mais vous y verrez, j'ose le dire, quelque chose de plus grand ; vous verrez une Princesse, qui a fait revivre dans notre siécle le grand spectacle que donnerent dans le leur l'illustre Marcelle & la célébre Melanie, l'une & l'autre fille, & petite-fille de tant de Consuls Romains & de tant de Heros ; une Princesse, qui par sa grandeur a honoré la Religion, & qui a sanctifié & comme consacré les richesses par le bon usage qu'elle en a fait : *Nobilitate Religionem illustravit ; opulentiam beneficentiâ & caritate consecravit ;* & ce magnifique éloge que Saint Jerôme donna aux deux illuſtres Romaines dont je viens de parler, n'a peut-être jamais eu d'application plus juſte que celle que j'en fais ici à Tres-haute, tres-puissante et tres-excellente Princesse, Anne Palatine de Baviere, Princesse Douairiere de Conde.

Princeſſe pieuſe & bienfaiſante, elle a ſanctifié dans ſa perſonne la grandeur & les richeſſes ; elle a ſanctifié la grandeur, en la faiſant ſervir toute entiere à honorer la Religion : *Nobilitate Religionem illuſtravit.* Elle a ſanctifié les richeſſes par ſon caractére bienfaiſant & par ſa charité : *Opulentiam beneficentiâ & caritate conſecravit*, & ce ſont là les deux traits de ſon éloge, dans lequel, n'ayant pas eu le loiſir de bien peindre, je n'ai pû ſonger & je n'ai ſongé uniquement qu'à bien repreſenter.

PREMIERE PARTIE.

Je ſçai, Messieurs, que notre Religion uniquement appuyée ſur la promeſſe de Jeſus-Chriſt, & ſur la main inviſible qui la ſoûtient, peut ſe paſſer du ſecours de toutes les puiſſances de la terre, & comme Saint Auguſtin le diſoit à un célébre Proconſul d'Afrique, je ſçai que l'Egliſe n'a jamais été ni plus floriſſante, ni plus libre, ni plus féconde que lorſqu'elle ne renfermoit encore dans ſon ſein que de ſimples pêcheurs ; qu'en cet état, avec les ſeules armes de la croix, elle a combattu Simon Menandre & les premiers Héreſiarques ; elle a triomphé de la ſageſſe de l'Egypte, de l'éloquence de la Grece, & de la puiſſance de Rome ; elle a fait tomber l'idolatrie, preſque auſſi ancienne que le déluge univerſel, & qu'enfin Tertullien a même oſé douter, quoiqu'injuſtement, ſi les Céſars pouvoient être

Chrétiens, ou si les Chrétiens pourroient devenir Césars.

Cependant ce Dieu jaloux, qui pour marquer son indépendance, & pour mieux faire sentir aux hommes qu'il ne travaille que sur le néant, a choisi d'abord la foiblesse même, pour triompher de la force ; dans la suite des tems s'est servi de la force & de la puissance, pour relever & pour soûtenir à son tour la foiblesse, & comme l'a remarqué le grand Saint Leon, après avoir durant trois siécles entiers multiplié les Chrétiens par les trois moyens les plus propres à les faire perir tous, qui sont la pauvreté, le martyre & la virginité, il appella dans le quatriéme siécle les Constantins, & les Theodoses, pour faire servir à son Eglise l'éclat & la puissance qui les environnoit.

La raison de cette conduite, c'est, dit le même Saint Leon, que les exemples couronnez ont une force invincible à laquelle les hommes ne resistent guere, & que les Grands du monde, étant les plus nobles images de la Divinité, sont plus propres que le reste des hommes, à la faire respecter dans l'Univers.

Notre Auguste Princesse (il n'en faut pas douter, Messieurs) entra bien avant dans cette sage disposition de la Providence, comme les Marcelles, les Mélanies, les Paules, les Helénes & les Clotildes y étoient entrées long-tems avant elle : *Nobilitate Religionem illustravit.*

Ce fut pour l'ornement de votre Eglise, & pour la gloire de vos Autels, ô mon Dieu ! que vous fites passer de siécle en siécle, de Heros en Heros, par tant de canaux illustres, le sang qui couloit dans ses veines, & qu'après avoir permis, il y a deux siécles, que ce sang jusques-là si pur, fût infecté du venin de l'heresie dans le * Chef & par le Chef même de la Maison Palatine, & que ce Chef devint le plus ferme

rempart de l'erreur, vous avez pris foin, de nos jours, de pu-
rifier ce même fang, par un miracle foudain de votre grace,
pour garantir d'une contagion héréditaire celle qui devoit
être le digne objet de vos mifericordes.

Defcenduë d'une race dont l'origine va fe perdre dans
l'obfcurité des anciens tems, d'une race qui rempliffoit déjà
le Trône Imperial, il y a plus de quatre cens ans ; qui a don-
né deux Empereurs à l'Allemagne, des Electeurs fans nombre à l'Empire, trois Rois à la Suede, dont le dernier a été
ce jeune Conquerant, qui prefque au fortir de l'enfance s'eft
rendu la terreur du Nord, & a rempli l'univers de fon nom ;
petite-fille de Frederic Roi de Bohême, Prince plus digne
de ce Trône que tout autre, fi l'hérefie ne lui avoit fervi de
premier degré pour y monter : tout cet amas éblouïffant de
gloire fut porté à fon dernier comble par le nouvel éclat,
que le fang de Condé acheva de répandre fur elle.

Que fi à la face de nos Autels, & à la vûë même d'un Dieu
anéanti pour nous, les Miniftres de l'Evangile font obligez
quelquefois de relever ces tîtres pompeux, qui ne font fou-
vent qu'un tître de reprobation, & qui n'entrent jamais
dans la balance decifive de l'éternité, apprenons de Saint
Ambroife, dans une occafion toute femblable à celle-ci,
que fi l'Eglife en ufe de la forte, c'eft uniquement, ô mon
Dieu ! pour relever la puiffance de votre grace, dont le chef-
d'œuvre & le miracle, c'eft la fanctification des Rois & des
Princes de la terre.

Mais voici le grand prodige de cette même Grace ; c'eft
que notre feconde Marcelle, notre feconde Mélanie, après
s'être fanctifiée elle-même dans la grandeur, s'en foit encore prévalu pour fanctifier les autres, & fur tout pour fanctifier dans fa maifon ce qu'il y avoit de plus grand dans l'u-

nivers : deux nouveaux traits qui vont vous la rendre presente, qui vont vous la faire reconnoître, parce que je ne les copierai que d'après elle-même ; & si pour réüssir dans ce portrait, j'osois rassembler ici de fausses couleurs, il me sembleroit, Messieurs, que la voix de Notre Princesse m'interrompant du fonds de son tombeau, me diroit comme autrefois Samuël à Saül, *Quare inquietasti me ?* Pourquoi venir troubler mon repos, inquieter mes cendres, & deshonorer ma vie, en mêlant à la verité le déguisement & le mensonge que j'ai toûjours si fort abhorrez ?

Oüi, Chrétiens, l'horreur du mensonge, la bonne foi, la droiture du cœur, l'amour de la verité, mais de la verité qui l'instruisoit, encore plus que de celle qui la flattoit, firent toûjours le caractére personnel & comme la marque de distinction de Notre Princesse, dans qui la candeur, la fidelité, la rectitude des anciens tems sembloient avoir trouvé un azile contre l'article, la duplicité, la fausse politesse, ou plûtôt la veritable corruption de notre siécle.

Mais ces vertus n'étoient pas dans elle de ces vertus purement humaines, qui flattent l'orgüeil, qui ne font que des vices déguisez, & qui font aujourd'hui plus que jamais tant d'exacts & de rigides observateurs de la Loi naturelle, sans avoir jamais fait un seul Chrétien ; c'étoient des vertus Chrétiennes, qui détruisent l'orgüeil, qui font marquées au coin de notre Religion, qui n'ont paru qu'au grand jour de l'Evangile, & qui ont pris naissance dans la crèche même du Sauveur.

Une humilité de cœur, c'est-à-dire, une humilité de conduite, de pratique & de sentiment, qui lui faisant aimer & chercher le néant & l'oubli, comme sa place naturelle, & comme la seule qui lui convenoit dans l'ordre de la nature

ture & dans l'ordre de la grace, la faifoit chaque jour s'a-
bîmer, s'anéantir, & comme difparoître devant celui qui
eft le Dieu des Dieux, & qui feul jugera les Dieux dans l'affemblée des Dieux ; une humilité de cœur qui lui faifant
oublier qu'elle étoit née pour commander aux hommes,
lui faifoit mettre toute fa gloire à fervir Dieu ; une humilité
de cœur, ennemie, je ne dis pas de l'adulation, mais ennemie de la loüange la plus jufte & la plus legitime.

Une pieté fincere, ennemie de l'éclat & de l'oftentation,
fans fard, fans fafte, & fans déguifement, & qui par les
traits les plus profonds avoit gravé dans fon ame une crain-
te falutaire des jugemens de Dieu ; une pieté tendre fur tout
au milieu des myftéres facrez ; une pieté folide dégagée de
toutes ces petiteffes qui peuvent avilir & dégrader la vertu
aux yeux des hommes ; une pieté nourrie de l'onction lu-
mineufe des Pfeaumes & des divins Cantiques, qui rallu-
moient fans ceffe dans fon ame le defir du fiécle futur ; &
pour tout dire en un mot, une vie irreprehenfible, qui
dans une carriere de foixante & quinze années ne s'eft jamais démentie de cette auftére regularité dont elle leva da-
bord l'étendart.

Et quel pouvoit être dans cette ame prédeftinée, le prin-
cipe & la fource de tant de vertus Héroïques ? Ah ! Chrétiens, n'allons pas chercher cette pure fource au milieu de
ce monde pervers, où l'éducation qu'on donne aux filles
du fiécle, eft comme un fecond amour propre qu'on leur
infpire, comme un fecond peché originel ajoûté à celui de
leur naiffance. Ne la cherchons pas, cette pure fource, parmi
ces femmes idolâtres d'elles-mêmes, qui mettent la moitié
de la journée à fe parer, pour fe mettre en état de perdre
l'autre, & qui employent l'art à gâter la nature en croyant

B

de l'embellir. Ne la cherchons point parmi ces perſonnes mondaines, qui pour charmer leur oiſiveté, paſſent des jours entiers à lire ces livres profanes, qui par un long & frivole tiſſu de fables, de menſonges, & des paſſions imaginaires, en allument de veritables dans leur cœur. Il nous faut chercher ailleurs une ſource ſi pure, & c'eſt le Saint Eſprit luimême qui va nous l'indiquer par ces paroles de l'Ecriture : ^a *Fugiens manſit in ſolitudine* ..... ^b *manducavit manna in deſerto.*

ᵃ Ps. 54.
ᵇ Jo. 6.

Une ſainte ſolitude, un venerable deſert, un azile ſacré, ouvrage immortel de la Reine Blanche & de ſon fils Saint Loüis, qui y alloit reſpirer l'air de la pieté, diſoit-il ſouvent ; ce fut là qu'ANNE DE BAVIERE avec la Princeſſe * ſa ſœur, mere de l'Imperatrice Amelie, paſſa les premieres & les plus belles années de ſa vie, dans la compagnie de ces ſaintes Vierges Chrétiennes, qui ſont les Anges de la terre, comme les Anges ſont les Vierges du ciel ; vivant avec elles comme Moïſe ſur la montagne, comme Samuël dans le Temple, comme Elie, & comme Jean-Baptiſte dans le deſert. C'eſt là qu'elle ſe ſanctifia & qu'elle s'inſtruiſit, aſſiſe, non pas aux pieds de Gamaliel, comme Saint Paul, mais aſſiſe aux pieds de ſa ſainte Tante, l'Abbeſſe de Maubuiſſon, fille de Frederic Roi de Boheme. C'eſt là qu'elle fit voir dès la premiere pointe de ſes années ce qu'elle devoit être un jour, comme les plantes dans cette premiere ſaiſon où nous ſommes, montrent en raccourci leurs fleurs & leurs fruits, en attendant qu'une ſaiſon plus avancée les développe & en étale toute la beauté aux yeux de l'univers. C'eſt là que durant tout le cours de ſa vie, ſe dérobant tous les ans au tumulte de la Cour, elle alloit méditer le néant du monde dans ce temple auguſte qui n'offre de toutes parts

* BENE-DICTE DuCHESSE DEBRUNSVICK.

aux yeux que les monumens de nos Rois & de nos Reines, dont toute la grandeur & toute la majesté se trouvent aujourd'hui reduites aux marbres & aux bronzes, qui les representent.

Mais il faut vous dire encore que celle qui fait l'objet de nos éloges & de nos pleurs, après s'être sanctifiée elle-même dans sa grandeur, s'en est encore servie pour sanctifier les autres, & sur tout pour sanctifier dans sa Famille ce Conquerant, ce Heros, qui a fait taire & trembler toute la terre devant lui ; ce Heros qui humilia si souvent les puissances ennemies ; ce Heros que le Ciel fit naître pour l'honneur de la Maison de France, pour la gloire du nom François, pour la gloire de son siécle, & j'ose le dire, pour la gloire de toute l'humanité.

A ce trait si bien marqué, tout le monde reconnoit d'abord le GRAND CONDE' ; mais tout le monde ne sçait pas que le GRAND CONDE' voulant donner une digne Epouse à son Fils, jetta les yeux sur toutes les Princesses de l'Europe, & qu'ANNE PALATINE DE BAVIERE les effaça toutes devant ses yeux, *tu supergressa es universas.* Tout le monde ne sçait pas que la vertu exemplaire de cette Princesse de son choix & selon son cœur, que sa conduite pleine de charité, d'onction & de lumiere, que sa douceur, sa pieté, sa vie irreprehensible furent un des grands motifs qui engagerent enfin ce Conquerant à se soûmettre à l'Empire de Dieu, après s'être rassasié si long-tems de toute la gloire de la terre.

Ainsi donc l'Héroïne Chrétienne, dont le monde n'étoit plus digne, & que la terre ne meritoit pas de posseder plus long-tems, a sanctifié sa grandeur en la faisant servir à honorer la Religion, à autoriser la vertu, à confondre le vice par son exemple : *Ex occursu suo vitia suffundebat ;* c'est la magnifique loüange que Saint Gregoire de Nazianze a donnée à sa sainte & admirable sœur Gorgonie, dont il voulut faire lui-même l'éloge funébre, & que je ne crains pas d'appliquer à mon sujet : *Nobilitate sua Religionem illustravit,* vous l'avez vû ; mais je dois ajoûter encore, qu'elle a sanctifié les richesses par son caractére bienfaisant & par sa charité : *Opulentiam beneficentiâ & charitate consecravit ;* vous l'allez voir en peu de paroles.

SECONDE PARTIE.

J'appelle une charité Chrétienne, cette espece de charité, qui étant fondée sur le motif de la Foi, qui est un motif universel, ne se borne pas à certaines personnes, pour nous laisser endurcir sur les autres, mais qui produit & entretient dans une femme Chrétienne, de quelque rang qu'elle soit, la misericorde pour les pauvres, la bonté pour ses domestiques, le zéle pour ses enfans, l'union avec son époux, l'horreur de la médisance, de l'injustice & de la hauteur à l'égard de tout autre : cinq traits bien marquez qu'il faut ici developper avec soin, pour inspirer le goût de la vertu par le moyen le plus court & le plus sûr, qui est celui de l'exemple & de l'imitation.

Premier caractére, la misericorde envers les pauvres, mais une misericorde qui se fortifiant tous les jours avec les années, sembloit, comme celle de Job, être née, s'être accruë, & s'être, pour ainsi dire, naturalisée avec elle : * *Crevit mecum miseratio ;* une misericorde effective & réelle, qui trouvoit son plaisir le plus délicat à essuyer les larmes qu'elle voyoit couler, à remettre le calme & la serenité sur des visa-

ges

* Job. 31.

ges pâles & languiſſans, à rendre le repos à des familles obé-
rées, à rendre l'eſperance & la vie à des gens déſeſperez;
une miſericorde ingenieuſe, qui ſçavoit par de pieuſes in-
duſtries, & par une ſainte curioſité, déterrer les miſeres ſe-
crettes pour y remédier ſecretement; une miſericorde magna-
nime, qui dans des tems difficiles, où le Ciel devenu d'ai-
rain, & la terre de fer, frappoient de concert les hommes
par la ſtérilité, la maladie, & la faim, lui fit retrancher le
ſuperflu de ſa maiſon, & ſacrifier ce qu'elle avoit de plus
précieux, pour le répandre dans le ſein des pauvres.

C'eſt ainſi qu'elle conſacra ſes richeſſes, dont on fait un
uſage ſi profane dans ce ſiécle malheureux, où l'interêt les
amaſſe, l'avarice les retient, la vanité les étale, le luxe les
diſſipe, la cupidité les conſume, & l'on ne ſonge pas, dit
Saint Chryſoſtome, que l'aumône eſt de précepte & non pas
ſeulement de conſeil; que Saint Paul, inſtruiſant ſon diſci-
ple Timothée, ne lui dit pas qu'il la conſeille, mais qu'il la
commande: * *Divitibus hujus ſæculi præcipe;* que Dieu s'eſt ⟨* 1o Tim. CAP. 6.⟩
déchargé de la nourriture du pauvre ſur les aumônes du ri-
che, & de la ſanctification du riche ſur les prieres du pauvre; que le ſuperflu de l'un eſt le neceſſaire de l'autre, diſent
les Saints Peres; qu'une ame bien née & bienfaiſante, comme celle de NOTRE PRINCESSE, trouve toûjours du ſuperflu à donner, où une ame timide & reſſerrée ne trouve pas
même le neceſſaire; & qu'enfin vous êtes les meurtriers de
ceux que vous laiſſez périr par votre dureté, ou par votre
indifference, en aimant mieux nourrir des bêtes que des
hommes; revêtir des murailles que des pauvres; ouvrir des
allées, ſoûtenir des terres, & dorer des appartemens, que
de ſecourir les membres vivans de Jeſus-Chriſt.

Second caractére, la bonté pour ſes domeſtiques, dont

elle fut, ne difons pas la Souveraine, mais la Confervatri-ce, la confolation, l'azile & la tutrice : populaire, non pas comme Abfalon affectoit & fe picquoit de le paroître, fans être néanmoins ni bienfaifant, ni obligeant, ni fincére ; mais populaire pour fe prêter à eux dans toutes leurs peines, pour les fecourir dans tous leurs befoins ; populaire pour leur donner elle-même des confeils de paix & de falut, pour terminer leurs querelles, pour être l'arbitre de tous leurs differends, pour être au milieu d'eux un azile, un refuge, un ami de tous les jours, de toutes les heures & de tous les momens, qui les confoloit, les protegeoit, les fanctifioit, & ce font là des charitez qui valent bien, dit Saint Chryfoftome, celles qui mettoient le pain dans la bouche des fameliques : populaire, pour être le canal par où les graces de la Cour couloient fur eux, pour les mettre à couvert de l'orage, & pour les faire repofer paifiblement à l'ombre de fa protection : populaire enfin pour leur laiffer à fa mort à tous en general & à chacun en particulier des gages précieux de fon fouvenir & de fon affection.

Commander pour commander, difoit encore Saint Auguftin à fon ami Marcellin, dominer pour dominer, c'eft le caractére, c'eft le privilege & le propre de Dieu feul. Le caractére propre des hommes, c'eft de ne commander aux autres, & de ne les dominer qu'à titre onereux, fi l'on peut s'exprimer ainfi, c'eft-à-dire, de ne commander que pour l'utilité publique ou particuliere ; de ne commander que pour fervir, & que pour maintenir l'ordre, le repos, la paix & la fûreté par le frein de la fubordination & de l'autorité.

C'eft pour vous feul & pour votre interêt propre & particulier que vous êtes Chrétien, lui difoit-il, *quod Chriftiani fumus, pro nobis eft.* Mais ce n'eft pas pour vous que vous ccmmandez dans l'Afrique, & que tant de peuples, tant de Provinces, tant de Legions reçoivent de vous la Loi. Vous n'êtes fi fort élevé fur les têtes des autres, que pour en faire le bonheur ; & par là, lui difoit-il, Dieu a voulu temperer l'inégalité des conditions, les rapprocher les unes des autres, mettre une efpece de compenfation, de balance, & d'équilibre parmi les hommes ; empêcher par là d'une part que celui qui obeït ou qui fert, ne foit trop mécontent de fon fort, & ne plaigne fon abaiffement ; & de l'autre, donner un frein à celui qui commande, & empêcher qu'il n'abufe de fon autorité.

Troifiéme caractére, le zéle pour fes enfans. Elle compta pour rien de les avoir fait naître Princes, fi elle ne leur donnoit une éducation encore plus noble & plus fainte que leur naiffance. Y a-t'elle réüffi, Chrétiens, dans le Grand Prince, Chef de fa Maifon, fi recommandable par fon amour pour l'Etat & pour le Roi, à l'éducation duquel il a fi heureufement préfidé ? Y a t'elle réüffi, Meffieurs, dans VOTRE AUGUSTE SOUVERAINE ? *Interroga orbem & refpondebit tibi ;* n'interrogeons pas, j'y confens, cette illuftre Affemblée, cette Ville, cette Province, qui lui font dévoüées par tant de tîtres ; n'interrogez pas même dans ma perfonne une bouche, qu'une reconnoiffance & un dévoüëment legitime pourroient encore rendre fufpecte ; *interroga orbem*, interrogez les plus fublimes efprits de notre nation, & des nations étrangeres, dont elle a réüni & emporté tous les fuffrages, *& refpondebit tibi ;* ils vous diront d'une voix unanime, que fi VOTRE AUGUSTE SOUVERAINE étoit née dans la condition la plus mediocre, comme l'ancienne Athenaïs de l'Orient, elle s'y feroit diftinguée par les precieux talens de son esprit, par un fonds exquis de difcernement, de pénétration & de pure lumiere, par la maniere jufte & noble dont elle s'énonce, autant qu'elle fe diftingue par tout l'éclat de fa naiffance. *Interroga orbem & refpondebit tibi;* ils vous diront, qu'elle n'ignore rien, qu'elle a tout dévoré, antique, moderne, facré, profane; qu'elle connoit le bon & le vrai dans tous les divers genres de Litterature; que fa Cour eft une école de bon goût, d'érudition & de politeffe; que fon fuffrage entraîne toûjours celui du public, auquel il donne le ton. Ils vous diront que par fa facilité à approfondir les fujets les plus abftraits, à embellir les plus fecs, à relever les plus fimples, elle acheve chaque jour de nous convaincre que les ames d'un certain ordre, que les grandes ames ont reçû pour tout des facilitez inconnuës au refte des hommes : qu'ornée de tant de dons, l'Univers n'avoit rien d'affez grand pour elle, & que le Dieu des unions, *Deus unionum Deus,* comme l'appelle Saint Ambroife, a formé exprès pour elle un Prince Auguste, encore plus refpectable par la grandeur de fon ame, par l'étenduë de fon cœur & par fa folide pieté, que par tous les talens de fon efprit; que le Dieu des unions a formé exprès pour cette feconde Athenaïs, un Prince parfait, non pas fils du grand Theodofe, mais digne fils du plus grand de nos Rois, que nous voyons revivre dans fa perfonne, comme il fait auffi revivre de nos jours le Mécéne de la Cour d'Augufte. Mais l'ancien Mécéne ne pouvoit prêter aux Lettres que fon appui, & le nouveau leur prête & fon appui, & fes lumieres encore plus precieufes que fon appui.

Quatriéme caractére, l'union avec fon Epoux : ANNE DE BAVIERE fortie d'une Maifon, dont les Princeffes avoient honoré toutes les Couronnes de l'Europe, & en particulie

ticulier celle de France depuis quatre siécles ; née avec tout
les dons de la nature, de la fortune & de la grace, qui at-
tiroient sur elle les yeux d'une superbe Cour, dont elle fai-
soit la gloire, l'ornement, & les délices : au milieu de tant
de qualitez si propres à enfler, & à séduire le cœur d'une jeu-
Princesse, eut-elle néanmoins ces caprices, ces délicatesses,
ces fiertez, ces froideurs, cette habitude d'indépendance,
ces inégalitez d'un esprit bizarre & chagrin, cette plenitude
d'elle·même, qui troublent si souvent à nos yeux les unions
les mieux assorties ? Bien éloignée de ces foiblesses si commu-
nes, sur tout aujourd'hui, elle sçût d'abord entrer dans le
cœur du GRAND PRINCE son Epoux, & se l'attachant
à elle·même, pour le gagner par là plus aisément à Dieu,
d'un guerrier encore tout rempli de la gloire du siécle, elle
en fit bien-tôt un Chrétien soûmis à Jesus-Christ.

Cinquiéme & dernier caractere, l'horreur de la médisance, de la hauteur, & de l'injustice. Persuadée que la mode-
ration vaut plus qu'elle ne coûte, que le meilleur de tous
les caractéres est, de sçavoir supporter tous les differens caractéres ; que le plus grand de tous les défauts est, de s'en
croire exempt soi-même ; que l'homme doit necessairement
se ressentir du néant d'où il est sorti, & du peché qui a sui-
vi ce néant ; qu'enfin tout est borné, tout est fini dans l'homme, & que la personne la plus accomplie n'est pas celle qui
n'a nul défaut, mais celle qui en a le moins ; persuadée de
ces grandes veritez de notre Religion, elle sçavoit compâ-
tir aux infirmitez, couvrir les défauts, ménager les foiblesses : *j'aime mieux* (disoit-elle souvent, & ceux qui l'ont en-
tendu de sa bouche, sont assez près de moi pour pouvoir
rendre témoignage à la verité de ce que je dis) *j'aime mieux*
excuser le mal où il est, que de m'exposer à le condamner où il

D

n'est pas. Elle comptoit pour perdus, tous les jours qu'elle n'avoit pas marquez par quelque bienfait ; elle sçavoit par un silence sagement affecté, glacer la médisance sur la langue du médisant. Enfin respectée, honorée comme les Grands par devoir, elle sçavoit se faire aimer comme les particuliers, par affection, par choix & par inclination.

C'est ainsi, Messieurs, qu'ANNE PALATINE DE BAVIERE, PRINCESSE DOUAIRIERE DE CONDE', dont l'éloge auroit demandé plus de tems & plus de talens, sanctifia dans sa personne cette grandeur & ces richesses fugitives qui vont se perdre comme un vain songe dans le débris & dans l'humiliation du cercuëil.

C'est là que les Grands du monde, après avoir poussé leur carriére le plus loin qu'ils peuvent, se voyent subitement dépoüillez de cette grandeur empruntée qui les rendoit si fiers, & sont livrez pour toûjours aux vers, à la poussiere & à l'oubli. * *Homo nudatus atque consumptus ubi, quæso, est ?* Un même torrent entraîne tout à la fois & leurs personnes & leurs grandeurs ; leurs personnes à l'éternité où elles vont ; leurs grandeurs au néant où elles rentrent : & tout ce qu'il y a de réel & de solide dans toutes ces vanitez, c'est, dit Saint Augustin, que par leur peu de réalité, & par leur peu de solidité, elles rendent hommage à l'éternité & à l'immutabilité du Créateur.

Lisez bien l'histoire du monde, voilà l'histoire de notre commun néant, (nous dit le même Docteur). Les Princes, les Rois, les Empereurs dégradez, effacez, oubliez ; les fondateurs des Villes, des Monarchies, & des Empires ; les inventeurs des Arts & des Sciences, ensevelis dans le même tombeau ; voilà en un mot, toute l'histoire de notre néant.

Job, qui vivoit dans cette antiquité reculée, où les hom-

mes vivoient encore des ſiécles entiers, avouë néanmoins
que ſa vie n'eſt qu'une année ; un moment après il s'écrie,
qu'elle n'eſt compoſée que d'un petit nombre de mois dont
Dieu ſeul ſçait le compte : * *Numerûs menſium apud te eſt.* * 106. 14
Il change enſuite de langage, & il dit, que ſa vie ne roule
que ſur un petit nombre de jours courts & malheureux : *bre-*
ves dies hominis ſunt ; & comme s'il craignoit encore d'en
avoir trop dit, il ſe retranche à l'eſpace qui eſt depuis le matin
juſques au ſoir : * *de manè uſque ad veſperam finies me ;* & * 106. 23
aviliſſant toûjours dans ſon eſprit l'idée de ſa durée & de ſon
être, il ſe rabat à une heure, à un moment, à une vapeur,
à un ſouffle ; *ventus eſt vita mea ;* & parceque l'heure, le
moment, la vapeur & le ſouffle ſont quelque choſe de réel,
il va juſqu'à ſe comparer à une ombre qui n'a qu'une vaine
apparence d'être, ſans réalité, * *ſicut umbra dies noſtri ;* & * CAP. 9.
de peur même qu'on n'aille s'imaginer dans cette ombre
quelque maniere de réalité qui n'y eſt pas, il conclut par
dire comme David, que ſes jours ne ſont rien : *nihil ſunt*
dies mei ; & que toute ſa ſubſtance n'eſt qu'un pur néant devant Dieu : * *ſubſtantia mea tanquam nihilum ante te.* * Ps. 38.

Mais ce tems ſi paſſager, ce moment ſi mince, ſi court &
ſi rapide ; ſçavez-vous bien, Chrétiens, qu'il vaut autant
lui ſeul que l'éternité toute entiere, & qu'on peut même dire avec Saint Anſelme, qu'il vaut en un certain ſens plus que
l'éternité, puiſqu'il l'emportera toûjours dans la balance
déciſive, & qu'un ſeul moment mis à profit, produira, dit
Saint Paul, une gloire immortelle : * *æternum gloriæ pondus.* * 2. COR.
4.

F I N.

Dans les baux a grangeage ou a
ferme que les lionnois passent aux
Dauphinois Il faut avoir la sage
precaution de faire stipuler que
l'attendu les avances que les lionois
sont obligés de faire aux Dauphin
ois tous les grains generalement
quelconques seront mesurés
et ensuite deposés dans les greni
ers des lionois pour Sureté des ava
nées par eux faites on a faire

on doit aussi y faire inserer que
en Cas de Different ou d'inexecu
tion Ce qu'a dieu ne plaise les
Dauphinois Constituent un
tel leur procureur a lyon attendu
que les baux a grangeage ou
a ferme ne donnent aux Daup.
hinois qu'une action personelle
Contre les lionnois qui ne peut
sintenter que devant le senechal
de Lyon suiuant la maxime
si Commune au Palais actor
sequitur forum rei

par le moien de la Clause prece
dente les lionois peuuent se faire
assigner denant le seneichal
de lyon aux fins de se voir
condamnes à toutes les fins
et Conclusions que la mauuaise
volonté peut inspirer à leurs
grangers ou à leurs fermiers
du Dauphiné.

Contre cette demande les
lionois se deffendent disent
par leurs exceptions quils
sont fondés sur des clauses
et Conditions portées par leurs
baux et se font rendre une bonne
justice quils nauroient jamais
en Dauphiné ou le procés na
aucune fin quand quel
que magistrat ny est present
revettu

quon ne use pas de cette pre
caution il narrive que les Dau
hinois uont a Conseil a uienne

ou a grenoble alors on ne mang-
ue pas de leur imprimer de riot[e]
imprimement. plusieurs arti-
cles de leurs beaux a grangea-
ges ou a feme pour contrain-
dre les lionois de plaider en
dauphiné et y apporter leur
argent mais ceqil faut faire
en pareille rencontre cest de
se faire assigner a la requete
de quelquun de ses amis aux
fins de se voir condamner
a remettre telle quantité de
bichets de seigle ou de froment
bon loial et marchand ou telle
quantité de pailles ou danées
de vin ou semblables choses
avec interests et depens
apres quoi on fait assigner les
grangers ou fermiers ^ou dauphine pour
sattister dans linstance prin-
cipale ceia pendant a droit
et noir dire que ou l'interme-
ndroit quelque condamnation

ontre les lionois en Ce Cas que
...Dauphinois seront tenus den
quitter et garantir les lionois
...aut en principal quintures
rais et depens desdits et patiss
...u faits en demandant et en
...ffendant

5. Ce sont des Cultures que les Dau
...hinois malitieusement ne
...eulent pas faire Comme Celles
...s Vignes ou dautres terres alors
...faut user de dissimulation sans
...romperie et fermer soigneuse
...ment tous les grains et Autres
...s denrees. on temporise tant
...quon peut et onvendre Jusqua
...x Saint martin auquel terme
...n sen vient a lion et onne leur
...end point leur moitié quils naient
...naie les dommages et linterets
...provenans de leurs inexecution
— on peut encore se faire assi
...ner a la requete dun ami pour vendre
...que ou parle deffaut des valeurs de la
...ligne on ne seroit pas en etat de deliver
...elle quantité dashees de vin en Ce Cas quon
...ra Condamné a payer a Cet ami tous les
...ommages et interets provenans du de... de Culture